Math Challenger

**수학 영재들이
꼭 읽어야 할 천재 수학자 7**

수학으로 미래를 열어라 **힐베르트**

글 정성란

숭의여자대학에서 문예창작학을 공부하고, 단국 대학교 대학원에서 국어교육학을 공부했습니다. 1998년 삼성문학상을 받았습니다.
『몽당 고개 도깨비』『개미 정원』『성적을 올려 주는 초콜릿 가게』들에 글을 썼습니다.

그림 최현주

대학에서 일러스트레이션을 공부했습니다. 지금은 프리랜서 일러스트레이터로 일하고 있습니다.
『우당탕탕 2학년 3반』『월드컵 공원』『마음씨 고약한 각시 손님』들에 그림을 그렸습니다.

감수 계영희

고신 대학교 정보미디어학부 교수로 재직하고 있습니다. 한국수학교육학회 이사를 지냈으며, 한국수학사학회 부회장, 한국수리과학회 이사를 맡았습니다. 지금은 수학 교사들을 대상으로 한 강연 들을 통해 수학을 쉽고 재미있게 가르치는 일에 힘쓰고 있습니다.
『수학과 미술』『수학을 빛낸 여성들』『피아제와 반 힐레 실험에 근거한-우리 아이 수학 가르치기』『수학과 문화』들에 글을 썼고,「수학사랑」에 '수학과 미술'이라는 주제로 일 년 동안 글을 연재하였습니다.

Math challenger

수학 영재들이
꼭 읽어야 할 천재 수학자 7

수학으로 미래를 열어라
힐베르트

글 정성란 | 그림 최현주 | 감수 계영희

살림어린이

추천 글

  현대 수학의 아버지라 불리는 힐베르트는 20세기 최고의 수학자로 꼽혀요. 이 책을 읽노라면 민코프스키, 고르단, 클라인, 후르비츠, 바일과 같은 20세기 유명한 수학자들을 한껏 만날 수 있어요. 힐베르트가 그만큼 친구와 제자들과 많은 이야기를 나누고, 정을 돈독하게 쌓았기 때문이지요.

  힐베르트가 살던 때, 사람들은 전쟁의 아픔을 겪어야만 했어요. 세계 대전이 일어나 많은 사람이 목숨을 잃고, 인심은 아주 흉흉해졌지요.

  다른 나라 학자의 죽음을 슬퍼했다는 이유로 비난을 받고, 전쟁 지지 선언문에 서명을 하지 않았던 힐베르트! 인류의 평화를 생각하는 합리적인 판단과 절도 있고 당당한 학자의 위대함을, 여러분은 이 책에서 만나 볼 수 있지요.

　힐베르트는 수학 공부만을 좋아한 괴짜가 아니라, 천진스럽고 인간미 넘치는 사람이었어요. 음악을 사랑하고, 음악이 있는 곳이면 언제나 즐겁게 춤을 추었지요. 또, 산책을 하면서 수학 문제를 생각하는 학자다운 모습도 아주 인상적이에요.

　힐베르트는 앞으로 수학자들이 풀어야 할 수학 문제 스물세 개를 내놓았어요. 이 수학 문제들은 아직도 해결할 주인을 기다리고 있지요. 바로 여러분이 그 문제들을 푸는 주인이 되길 바라며 이 책을 추천해요.

2008년 7월

고신대학교 정보미디어학부 겸 유아교육과 교수

계영희

책을 읽기 전에

　힐베르트는 우리가 알고 있는 여느 천재들과 많이 달라요. 어릴 때는 글쓰기를 못해 쩔쩔매는 평범한 아이였어요. 수학을 좋아하기는 했지만, 신동 소리를 들을 정도는 아니었고요.
　다만 힐베르트는 아주 끈기 있는 아이였어요. 모르는 것을 대충대충 넘어가는 일이 없었지요. 반드시 자기 힘으로 이해하고 나서야 다음 단계로 넘어갔어요.
　또 힐베르트는 문제를 대할 때 이렇게도 생각해 보고, 저렇게도 생각해 보고, 거꾸로도 생각해 보았어요. 그러다 보면 뜻하지 않게 간단히 문제가 풀리곤 했지요.
　힐베르트는 나라를 대표하는 유명한 학자가 된 뒤에도 늘 겸손했어요. 잘난 체하거나 우쭐거리지 않는 진정한 학자였지요. 만약 힐베르트가 잘난 체나 하는 사람이었다면 그 많은 수학적 업적을 이루기가 어려웠을 거예요. 한 가지 업적을 이룬 것에 만족해서 다른 업적을 이룰 생각을 하지 못했을 테니까요. 어린이 여러분은 힐베르트 이야기를 통해 천재 못지않은 위대한 업적을 낳은 힘을 깨닫게 될 거예요.

2008년 7월
정성란

차 례

쾨니히스베르크 소년 ---------- 8

마음이 통하는 사람들 ---------- 18

대학교수가 되다 ---------- 26

괴팅겐으로 가다 ---------- 38

마음을 울리는 수학자 ---------- 48

슬픔과 전쟁 ---------- 58

새 친구들 ---------- 72

힐베르트 거리 ---------- 86

쾨니히스베르크 명예 시민 ---------- 98

묘비에 새긴 말 ---------- 110

▶ 수학사에 남긴 힐베르트의 업적 - 118
▶ 힐베르트 더 살펴보기 - 124

쾨니히스베르크 소년

"다비드, 엄마와 칸트 생일 기념 행사에 가자꾸나."

어머니 말에 다비드 힐베르트는 무척 즐거웠습니다. 힐베르트는 칸트가 누구인지 잘 알지 못했지만, 쾨니히스베르크를 빛낸 유명한 철학자라는 것은 알고 있었습니다.

힐베르트는 어머니 손을 잡고 집을 나섰습니다. 강에서 불어온 바람이 코끝에 스쳤습니다. 쾨니히스베르크를 흐르는 강에는 다리가 일곱 개 있었습니다. 기념 행사에 가려면 다리 하나를 건너야 했습니다.

"다비드, 이 다리에 얽힌 아주 유명한 이야기가 있단다."

날아다니는 새를 보고 있던 힐베르트는 얼른 고개를 돌렸습니다.

"어떤 사람이 강에 있는 다리에 관한 아주 흥미로운 문제를 냈어."

"다리에 관한 문제라고요?"

힐베르트는 눈을 빛내며 어머니를 보았습니다.

"그렇단다."

어머니는 웃음을 지으며 말을 이었습니다.

"문제는 아주 간단하단다. 다리 일곱 개를 한 번씩만 오가며 모두 건널 수 있느냐는 거야."

"……?"

"네 생각엔 어떨 것 같니? 꼭 한 번씩만 오가며 다리 일곱 개를 모두 건널 수 있을까?"

"……잘 모르겠어요."

힐베르트는 고개를 갸웃거렸습니다.

"사실은 쉬운 문제가 아니란다. 사람들은 그 문제를 '한붓그리기 문제'라고 하며 서로 풀려고 했지. 하지만 번번이 실패했단다."

어머니는 다정하게 힐베르트의 어깨를
토닥여 주었습니다.
"그럼 아직도 그 문제를 푼 사람이
없나요?"
"아니란다. 스위스 수학자 오일러가 이 문제를
해결했지."
"스위스 수학자라고요?"

힐베르트는 어안이 벙벙했습니다.

"왜 어머니나 아버지는 다리를 건너 보지 않으셨어요? 그랬다면 외국 학자가 정답을 맞히러 힘들게 오지 않아도 되었을 텐데요."

"뭐라고? 호호."

어머니는 배를 잡고 한참 동안 웃음을 멈추지 못했습니다.

"오일러는 다리를 건너지 않고 문제를 해결했단다. 수학적으로 문제를 해결했거든."

힐베르트는 놀라 눈을 동그랗게 떴습니다.

'수학은 정말 대단한 것 같아. 건너 보지도 않고 답을 알 수 있다니.'

힐베르트는 수학이 퍽 신기한 학문이라고 생각했습니다.

어머니는 틈만 나면 흥미로운 이야기를 해 주었습니다. 법률가인 아버지는 늘 '시간을 잘 지켜라.', '법을 잘 지켜야 한다.'는 이야기만 했지만, 어머니는 달랐습니다. 쾨니히스베르크의 자랑인 칸트에 관해 이야기를 해 준 것도 어머니였습니다.

"다비드, 칸트는 시간을 잘 지켰단다. 새벽 다섯 시면 꼭 일어나고, 저녁 열 시가 되면 잠자리에 들었는데, 일 분도 틀리지 않을 정도였대. 심지어는 오후 세 시에 산책을 하러 가는 시간도 정확해서, 사람들은 칸트가 산책을 나오면 시계를 맞췄다는구나."

"그때는 거리에 시계탑이 없었나요?"

힐베르트의 말에 어머니는 함박웃음을 터뜨렸습니다.

"아니, 그때도 시계탑은 있었지. 하지만 시계탑은 툭하면 멈추고 엉뚱한 시간을 가리켜서 믿을 수가 없었나 봐. 그렇지만 칸트가 산책하는 시간에 맞추면 틀리는 법이 없었다는구나."

어머니는 또 재미있는 수에 관한 이야기를 들려주기도 했습니다.

"다비드, 수 가운데 아주 재미있는 수가 있단다. 예를 들어 2와 3은 보통의 수와 다르게 1과 자기 자신만으로 나누어지지. 이런 수를 소수라고 한단다."

"소수는 몇 개나 있나요?"

"소수는 무한히 많단다. 그러니까 끝없이 많다는 뜻이야."

"우아, 놀라워요. 그런데 소수가 끝없이 많다는 걸 도대체 누가 알아냈지요? 끝없이 많은 수를 다 셀 수는 없었을 텐데……."

"물론 셀 수 없지. 그건 계산으로 알아낼 수 있는 거야."

힐베르트는 어머니가 들려주는 이야기를 자주 듣고 싶었습니다. 하지만 불행하게도 어머니는 건강이 좋지 않아 침대에 눕는 날이 많았습니다. 그런 날이면 힐베르트는 밤하늘을 올려다보았습니다. 어머니가 일러 준 별자리를 찾아보기도 하고, 별자리에 얽힌 이야기도 떠올려 보곤 했습니다.

힐베르트는 학교가 별로 마음에 들지 않았습니다. 외워야 하는 과목이 너무 많기 때문이었습니다. 더구나 힐베르트가 좋아하는 수학 시간은 얼마 없었습니다.

"여러분, 운동을 하면 몸이 튼튼해지지요? 머리를 많이 쓰면 머리가 좋아집니다. 머리를 쓰는 일에 제일 좋은 것은 외우기입니다. 그러니까 라틴어와 그리스 어로 된 작품을 열심히 외우세요."

학교에서는 외우기를 비롯해 여러 작품을 읽고 쓰는 공부를 강조했습니다. 힐베르트는 외우기를 그다지 잘하지 못했습니다. 글쓰기는 더더욱 신통치 않았습니다.

"다비드, 이해할 수 없구나. 남들이 못 푸는 수학 문제는 척척 풀면서 이 쉬운 글쓰기를 어려워하다니."

어머니가 힐베르트에게 핀잔을 주었습니다.

"수학은 안 외워도 이해만 하면 되잖아요. 하지만 글쓰기는……."

힐베르트는 쑥스러워 얼굴이 빨개졌습니다.

"다른 사람에게 자기 생각을 정확히 알리고, 아름다움에 대한 감각을 얻으려면 이런 공부도 열심히 해야 한단다."

어머니는 자상하게 힐베르트를 격려해 주었습니다. 힐베르트는 새로 공부하는 내용을 빨리 이해하지는 못했습니다. 하지만 밤을 새워서라도 자기 힘으로 이해하려고 노력했습니다.

마음이 통하는 사람들

 초등학교를 졸업하고 힐베르트는 *김나지움에 갔습니다. 다행히 김나지움은 외우는 공부만 강조하지는 않았습니다. 힐베르트는 성적이 많이 올랐습니다. 그리고 수학은 늘 최고 성적이었습니다.

 "너는 수학적 재능이 참으로 뛰어나구나. 너처럼 좋은 학생을 가르치게 된 걸 참으로 기쁘게 생각한단다."

 선생님들은 힐베르트를 인정해 주고 용기를 북돋

---

*김나지움 독일의 전통적인 중등 교육 기관.

워 주었습니다.

아버지는 힐베르트가 자신의 뒤를 이어 법률가가 되기를 바랐습니다.

"다비드, 법률가는 좋은 직업이야. 그러니 너도 법률가가 되면 좋겠구나."

"아버지, 저는 수학이 가장 흥미 있어요. 평생 동안 수학 공부를 하고 싶어요."

힐베르트는 자신 있게 말했습니다. 그러자 아버지는 더 강요하지 않았습니다.

김나지움을 졸업하고 힐베르트는 쾨니히스베르크 대학교에 들어갔습니다. 대학교에 들어가자 친구들은 술을 마시거나 여자 친구를 사귀며 즐거운 시간을 보냈습니다. 하지만 힐베르트는 수학 공부에 열중했습니다. 수학 공부를 하는 시간이 제일 행복했습니다.

힐베르트는 유명한 수학자 베버가 하는, *정수론

---

*정수론 수의 성질을 연구하는 수학 분야.

수업을 인상 깊게 들었습니다.

'정수론은 참으로 매력적인걸. 나중에 혼자 더 공부해야겠어.'

힐베르트는 정수론에 푹 빠졌습니다.

그러던 어느 날 힐베르트는 놀라운 소식을 들었습니다.

"다비드, 우리 도시에 사는 민코프스키가 프랑스 아카데미에서 주는 수학 상을 탔다는구나."

아버지도 놀라워하며 힐베르트에게 소식을 전했습니다. 민코프스키 소식을 들은 쾨니히스베르크 사람들은 무척 자랑스러워했습니다. 힐베르트도 크게 흥분했습니다.

"그게 정말이에요, 아버지?"

"그래. 열여덟 살밖에 안 됐다는데 정말 대단하지 않니?"
"네. 한번 만나 봐야겠어요."
"조심해라. 그런 유명한 사람과 친구가 되는 건 어려운 일이야."
아버지는 힐베르트에게 충고했습니다.

민코프스키도 쾨니히스베르크 대학교에 들어갔습니다. 힐베르트는 민코프스키와 친구가 되고 싶었습니다. 수학을 향한 열정은 누구 못지않게 자신 있었습니다.

힐베르트는 민코프스키를 찾아갔습니다.

"나는 힐베르트라고 해. 수학 상을 받았다며? 너 정말 대단하다."

"고마워. 먼저 찾아와 축하해 주다니."

인사를 나눈 두 사람은 수학에 관해 이야기를 나누었습니다. 이야기를 나눈 지 얼마 안 되어 힐베르트와 민코프스키는 서로 마음이 통하는 것을 느꼈습니다.

"우리는 참 비슷한 점이 많은 것 같다."

"앞으로도 자주 만나 이야기를 나누면 어떨까?"

"대찬성이야."

힐베르트와 민코프스키는 늘 붙어 다녔습니다.

"새로 온 교수님 봤지? 어쩐지 우리와 잘 통할 것 같지 않아?"

하루는 민코프스키가 기대에 부푼 얼굴로 물었습니다.

"맞아. 그 빛나는 눈을 보면 수학을 향한 엄청난 열정이 느껴져."

새로 온 후르비츠 교수는 이십 대 중반의 젊은 나이였습니다. 후르비츠 교수는 고등학교 시절, 스승과 *논문을 함께 발표할 정도로 실력이 뛰어났습니다. 박사 학위를 받은 뒤, 아주 젊은 나이에 쾨니히스베르크 대학교 *부교수가 되었습니다.

힐베르트와 민코프스키는 후르비츠 교수가 마음에 들었습니다. 그런데 두 사람이 수학에 얼마나 큰 열정을 가졌는지 후르비츠 교수도 금세 알아보았습니다.

"이봐, 우리 셋이 산책을 하면서 수업 시간에 못다 한 이야기를 나누면 어떻겠나?"

후르비츠 교수가 두 사람에게 제안했습니다.

"좋습니다. 시간도 아예 정해 놓으면 어떨까요?"

"그거 참 좋은 생각이네."

***논문** 자기 의견, 주장을 체계적으로 적은 글.
***부교수** 정교수보다 낮고 조교수보다 높은 교수 직위.

세 사람은 오후 다섯 시가 되면 오솔길을 걸으며 산책을 했습니다. 길가 사과나무까지 산책은 하루도 거르지 않고 계속되었습니다. 힐베르트는 셋이 함께 산책하는 시간을 무척 소중하게 여겼습니다. 민코프스키도 같은 마음이었습니다.

  "쉽고 즐거운 방법으로 수학 세계를 찾아다니는 이 기쁨을 다른 사람들은 결코 모를 거야."

  "나도 그래. 그런데 모든 걸 후르비츠 교수님이 해내고 나면 과연 우리가 할 일이 남아 있을까?"

  힐베르트가 시무룩한 표정을 지었습니다.

  "아무리 정복해도 끝이 없는 세계가 있어. 그게 바로 수학이지. 분명히 우리도 후르비츠 교수님만큼 할 수 있는 일이 있을 거야."

  민코프스키는 쾌활하게 웃으며 한쪽 눈을 찡긋 감았습니다.

대학교수가 되다

힐베르트가 어느덧 졸업반이 되었습니다. 졸업을 하려면 논문을 써서 인정을 받아야 했습니다. 고민을 거듭한 끝에 힐베르트는 새로운 방식으로 논문을 썼습니다.

"자네가 해낼 줄 알았어. 아주 멋진 논문이네."

힐베르트는 여러 교수들에게 인정을 받았습니다. 논문이 통과되고 힐베르트는 박사 학위를 받았습니다.

힐베르트는 대학교에서 수업할 수 있는 자격을 얻기 위해 또다시 논문을 준비했습니다.

"자네, 클라인 교수님이 있는 라이프치히에 가서 논문 준비를 하면 어떻겠나? 공부도 더 하고 말일세."

클라인 교수는 후르비츠 교수가 존경하는 스승이었습니다. 힐베르트는 후르비츠 교수가 권하는 대로 라이프치히에 가기로 했습니다.

라이프치히에 도착하자마자 힐베르트는 바쁘게 하루를 보냈습니다. 클라인 교수가 하는 수업을 듣고, 또 발표회에서 자신의 논문을 소개하기도 했습니다. 논문 준비도 열심히 했습니다.

"두고 보게. 힐베르트는 장차 훌륭한 수학자가 될 걸세."

클라인 교수는 툭하면 다른 교수들에게 힐베르트를 칭찬했습니다.

얼마 뒤 클라인 교수는 괴팅겐 대학교로 가게 되었습니다. 괴팅겐 대학교는 유명한 수학자를 많이 낸 곳으로 유명했습니다.

"교수님, 수학의 도시에 가시게 된 걸 축하드립니다."

힐베르트가 클라인 교수에게 인사를 했습니다.

"고맙네. 자네도 괴팅겐 대학교에 갈 날이 있을 게야."

클라인 교수는 힐베르트의 손을 꼭 잡아 주었습니다.

"참, 자네 프랑스 파리에 가 보는 게 어떻겠나? 파리에는 유명한 수학자들이 무척 많거든."

"네. 한번 가 보겠습니다."

힐베르트는 곧 파리로 떠났습니다. 푸앵카레를 비롯한 프랑스 수학자들은 힐베르트를 반갑게 맞아 주었습니다.

프랑스 수학자들을 만나 수업을 듣는 한편, 힐베르트는 연구에도 힘을 쏟았습니다. 센 강가에 있는 에펠 탑을 보러 갈 시간도 없이 힐베르트는 열심히 논문을 썼습니다.

그렇게 열심히 한 보람이 있었습니다. 힐베르트는 프랑스에서 돌아오고 나서 얼마 지나지 않아 논문을 완성했습니다.

"멋진 연구를 했군, 힐베르트."

힐베르트가 쓴 논문을 본 교수들은 칭찬을 아끼지 않았습니다. 힐베르트는 교수 자격 시험을 거뜬히 통과했습니다. 정식 교수는 아니었지만, 드디어 학생들을 가르치게 되었습니다.

"힐베르트, 진심으로 축하하네. 그동안 사과나무까지 산책을 못해 몹시 허전했거든."

후르비츠 교수는 활짝 웃으며 힐베르트를 반갑게 맞이했습니다.

얼마 뒤 힐베르트는 유명한 수학자들을 만나 보기 위해서 여행을 떠났습니다. 제일 먼저 만난 수학자는 고르단이었습니다. 고르단은 혼자 산책을 하면서 수학 연구를 하는 사람으로 유명했습니다. *불변식의 왕이라고 불리기도 했습니다.

"저기 괴짜 수학자가 지나간다."

사람들은 혼자 산책을 하는 고르단을 보며 속삭였습니다. 고르단은 입에 담배를 문 채 큰 소리로 외치기도 하고, 한참 동안 멍하니 하늘을 쳐다보기도 했습니다.

재치 넘치고 활기찬 고르단은 사람을 만나는 것도 좋아했습니다. 힐베르트가 찾아갔을 때도 고르

---

* **불변식** 문자와 숫자를 이용해 만든 식에서 문자에 넣는 수가 바뀌어도 값이 달라지지 않는 식.

단은 반갑게 맞아 주었습니다.

"나는 젊은 사람이 좋다네. 우리 함께 산책하지 않겠나?"

"네, 좋습니다."

힐베르트는 선뜻 고르단을 따라나섰습니다. 산책을 하면서 고르단은 불변식 문제에 대해 자세히 설명해 주었습니다.

"나는 산책을 하다가 불변식 문제를 푸는 실마리를 발견했다네."

"산책을 하다가요?"

"그럼. 내 인생에서 산책은 결코 빼놓을 수 없지. 자네도 산책을 자주 하면 얻는 게 많을 거야."

"네. 저도 친구들과 산책하는 걸 좋아합니다."

"참 좋은 습관을 가졌군."

고르단은 무척 반가워했습니다. 재치가 뛰어난 고르단 덕분에 힐베르트는 기분 좋게 산책을 할 수 있었습니다. 수학 토론이 끊임없이 이어졌습니다.

"알다시피 불변식 문제는 아직 해결된 게 아니야. 나는 그저 실마리를 발견했을 뿐이지."

산책을 마칠 무렵 고르단이 말했습니다. 힐베르트도 물론 알고 있었습니다. 수학자들은 그 문제를 '고르단의 문제'라고 이름 붙였습니다.

"선생님, 그런데 정말 산책이 좋긴 좋은 모양입니다. 산책을 하면서 선생님 얘기를 듣는 순간, 문제를 완전히 이해했습니다."

"아, 그런가? 이제 자네 인생에서 산책은 정말 빼놓을 수 없겠군그래."

고르단이 껄껄 웃으며 말했습니다.

힐베르트는 고르단을 만나고 나서 바다로 갔습니다. 그곳에서 힐베르트는 짧은 논문을 한 편 썼습니다. 힐베르트가 쓴 논문을 본 사람들은 눈이 휘둥그레졌습니다.

"그 유명한 고르단의 문제를 해결하다니!"

"힐베르트라는 수학자는 정말 대단하군."

사람들은 풀기 어렵다고 여겨졌던 고르단의 문제를 해결한 힐베르트에게 감탄했습니다.

"힐베르트, 자네는 간단하면서도 분명하게 문제를 해결했군. 축하하네."

클라인 교수도 진심으로 축하를 보냈습니다.

"고맙습니다."

힐베르트는 겸손하게 인사했습니다.

'힐베르트는 뛰어난 수학자야. 언젠가 꼭 괴팅겐 대학교로 데려와야겠어.'

클라인 교수는 힐베르트가 크게 될 인물임을 알아보았습니다.

민코프스키도 친구를 진심으로 축하해 주었습니다. 또 여기저기 많은 사람들이 축하를 보내 주었습니다.

그중에서도 고르단이 보낸 축하는 힐베르트를 무척 기쁘게 했습니다.

"힐베르트는 대단한 일을 했습니다. 나는 불변식 문제의 실마리만 발견했는데, 힐베르트는 문제를 해결했으니까요. 힐베르트에게 진심으로 축하를 보냅니다."

고르단의 문제를 해결하고 난 뒤에도 힐베르트는 열심히 연구를 했습니다. 그러면서도 사람들을 많이 사귀고 즐거운 시간을 보냈습니다.

힐베르트는 여자들에게도 인기가 많았습니다.

"힐베르트 교수님은 수학만 잘하는 게 아니라 춤도 참 잘 추셔."

힐베르트는 소리가 나는 쪽을 바라보았습니다. 발랄한 여인이 싱긋 웃고 있었습니다. 자신을 칭찬하는 말에 힐베르트는 기분이 좋았습니다.

두 사람은 자주 만나며 많은 이야기를 나누었습

니다. 친구들은 두 사람이 잘 어울린다며 축복해 주었습니다.

'하루빨리 결혼을 하고 싶은데…….'

힐베르트는 마음이 초조했습니다.

불변식 문제를 해결한 뒤 힐베르트는 퍽 유명해졌습니다. 하지만 아직 정식 교수가 아니었습니다. 정식 교수가 된 다음에 당당하게 청혼하고 싶었습니다.

"힐베르트, 후르비츠 교수가 스위스로 떠나게 되었다는군."

동료의 말에 힐베르트는 깜짝 놀랐습니다. 함께 산책을 하며 수학 토론을 해 오던 후르비츠 교수와 헤어져야 한다니 몹시 아쉬웠습니다.

"그런데 자네, 후르비츠 교수 대신 누가 그 자리를 대신할지 궁금하지 않나?"

힐베르트는 궁금한 얼굴로 동료의 대답을 기다렸습니다.

"바로 자네일세."

힐베르트는 눈이 동그래졌습니다.

후르비츠 교수와 산책은 못 하게 되었지만, 힐베르트는 아름다운 신부와 결혼식을 올렸습니다.

괴팅겐으로 가다

힐베르트는 행복했습니다. 정식 교수가 되었고, 아내와 행복한 가정도 꾸렸습니다. 다만 마음이 통하는 친구가 없어 허전했습니다. 민코프스키는 다른 도시의 대학교에서 교수로 지냈습니다.

휴가철이 다가오자 힐베르트는 친구에게 편지를 보냈습니다.

민코프스키, 후르비츠 교수님마저도 떠난 이곳은

쓸쓸하기 그지없다네. 우리 셋이 사과나무까지 산책하던 시절이 그립네. 다행히 휴가철이 다가오니 곧 자네를 만날 수 있겠지? 자네와 산책할 날을 손꼽아 기다리겠네.

— 힐베르트가

 친구의 편지를 받자 민코프스키도 당장 달려가고 싶은 마음이었습니다. 하지만 민코프스키는 하루라도 빨리 완성해야 할 책이 있었습니다. 그래서 휴가철이 되어도 고향으로 갈 수가 없었습니다. 민코프스키는 미안한 마음을 담아 편지를 보냈습니다.

하는 수 없이 두 사람은 편지를 통해서 소식을 주고받기로 했습니다. 힐베르트는 정수론 연구를 시작했다는 소식을 알렸습니다. 그리고 얼마 뒤에는 아들 프란츠를 얻은 소식을 알렸습니다.

몇 주 뒤, 힐베르트와 민코프스키는 국제 수학 회의에 참석했습니다. 이 회의에서 힐베르트는 민코프스키와 함께 *수론에 관한 보고서를 써 달라는 부탁을 받았습니다.

"민코프스키, 이건 우리에게 좋은 기회가 될 거야."

"맞아. 우리 능력을 보여 주자고!"

두 사람은 무척 기뻐했습니다. 힐베르트는 보고서 쓰기에 힘쓰는 한편, 수업에도 힘썼습니다.

어느 날 기쁜 소식이 날아들었습니다. 민코프스키가 쾨니히스베르크 대학교 교수로 임명된 것이었습니다. 힐베르트는 자기 일처럼 기뻐했습니다.

─────────────────────────
＊**수론** 정수, 유리수 등의 여러 종류 수의 성질을 연구하는 학문.

"이봐, 친구! 정말이지 꿈만 같아. 우리가 다시 만나다니."

"나도 마찬가지야. 이제 산책을 다시 할 수 있겠지?"

힐베르트와 민코프스키는 틈틈이 산책을 즐겼습니다. 둘도 없는 친구와 산책하는 일은 무척 행복했습니다.

"프란츠는 호기심이 참 많더군. 자네를 닮은 게 틀림없어."

"소리를 지를 때 보면 날 닮은 것 같지 않아. 그건 아내를 닮은 것 같아."

두 사람은 큰 소리로 웃었습니다.

바쁜 나날이었지만, 힐베르트는 행복했습니다. 사랑하는 아내와 아들, 언제든 만날 수 있는 친구가 옆에 있기 때문이었습니다. 또한 연구 보고서도 착착 진행되었습니다.

"교수님, 비밀 편지가 도착했습니다."

어느 날 학생 하나가 편지를 내밀었습니다. 단단히 봉해진 편지 봉투 겉면에 힐베르트가 직접 뜯어 보라고 적혀 있었습니다.

> 힐베르트, 괴팅겐 대학교에 수학 교수 자리가 났네. 나는 자네를 적극 추천했지. 나의 추천이 받아들여질지 모르겠어. 하지만 약속해 주게. 만일 받아들여지면 결코 거절하지 않겠다고 말이야!
>
> — 클라인이

힐베르트는 가슴이 떨렸습니다. 클라인 교수는 당시 독일 수학계의 지도자였습니다. 그런 클라인 교수가 자신을 추천했다니 꿈만 같았습니다.

"축하하네. 괴팅겐 대학교는 수학의 불꽃이 가장 밝게 타오르는 곳이야."

민코프스키도 자기 일처럼 기뻐해 주었습니다.

"고향을 떠나는 것도 섭섭하지만, 자네와 헤어져야 하는 게 제일 섭섭하네."

"영영 작별하는 것도 아닌데 뭘 그러나. 괴팅겐 대학교는 가우스를 낳은 위대한 학교야. 가우스뿐인가? 디리클레, 데데킨트, 리만 모두 괴팅겐을 빛내는 별들이지. 자네도 꼭 괴팅겐을 빛내는 별이 되게."

힐베르트는 친구에게 격려를 받고, 힘이 솟았습니다.

힐베르트는 정든 곳을 떠나 괴팅겐으로 옮겼습니다. 그해는 수학자 가우스가 괴팅겐 대학교에 들어간 지 백 년이 되는 해이기도 했습니다.

"괴팅겐에 온 걸 진심으로 환영하네."

클라인 교수는 두 팔을 번쩍 들어 힐베르트를 환영했습니다.

괴팅겐 생활이 안정을 찾아가자 힐베르트는 집을 짓기로 했습니다.

"뜰을 넓게 하자고. 프란츠가 마음껏 뛰어다닐 수 있게 말이야."

프란츠는 넓은 뜰에서 개와 마음껏 뛰놀았습니다. 힐베르트는 키우는 개한테는 늘 '피터'라는 이

름을 붙여 주었습니다.
　힐베르트는 뜰에 커다란 칠판을 하나 걸었습니다. 꽃밭을 가꾸다가 생각이 떠오르면 얼른 달려가 적었습니다.

힐베르트는 보고서를 쓰는 일도 열심히 했습니다. 괴팅겐에 온 지 일 년 만에 힐베르트는 자기 몫으로 할 연구 보고서를 다 썼습니다. 하지만 민코프스키는 아직 완성이 되지 않은 상태였습니다.

"힐베르트, 자네 먼저 발표를 하게."

민코프스키는 나중에 따로 발표를 하기로 했습니다. 힐베르트는 완성된 연구 보고서를 맨 먼저 민코프스키한테 보냈습니다. 민코프스키는 꼼꼼히 읽어 본 다음 조언을 담아 편지를 보냈습니다. 친구의 조언을 받아들여 고친 연구 보고서는, 아내가 깔끔한 글씨로 다시 썼습니다.

"힐베르트, 이 연구 보고서는 진정한 보석이군요."

"당신이 쓴 연구 보고서는 다른 수학자들에게 많은 도움을 줄 것입니다."

사람들은 앞다투어 힐베르트에게 칭찬을 보냈습

니다. 힐베르트는 가슴이 뿌듯했습니다.

 하지만 좋은 일만 있었던 것은 아니었습니다. 하나밖에 없는 여동생을 잃은 것이었습니다. 힐베르트는 한동안 일이 손에 잡히지 않았습니다.

 민코프스키는 친구에게 몇 번이나 편지를 보내 위로했습니다. 힐베르트가 슬픔에서 헤어나기까지는 많은 시간이 걸렸습니다. 그 긴 시간 동안 가장 큰 위로는 민코프스키에게서 온 편지였습니다.

마음을 울리는 수학자

　마음을 추스른 힐베르트는 다시 수업에 힘쓰기로 했습니다. 늘 그랬던 것처럼 새 학기에는 새로운 수업을 계획했습니다.

　"이번 학기에 힐베르트 교수님이 *기하학 수업을 하신다면서?"

　"기하학이라고? 이번에는 어떤 수업을 하실까?"

　학생들은 기대에 들떠 힐베르트의 수업을 기다렸습니다.

***기하학** 도형, 공간 등의 성질을 연구하는 학문.

기하학 수업 첫 시간에 힐베르트는 학생들을 향해 말했습니다.

　"나는 점, 선, 면 대신에 책상, 의자, 맥주잔이라고 불러도 상관이 없다는 말로 수업을 시작하겠습니다."

　힐베르트는 새로운 방식으로 수학 문제를 생각하게 했습니다. 전혀 생각해 보지 못한 엉뚱한 방법이었으므로 학생들은 호기심을 가지고 수업을 들었습니다.

　당시 괴팅겐 대학교에는 클라인 교수에게 배우기 위해 학생들이 몰려들었습니다. 하지만 클라인 교수가 하는 수업은 네 시간을 따로 공부해야 할 만큼 너무 어려웠습니다.

　그에 비해 힐베르트는 수업을 아주 쉽게 했습니다. 학생들이 완전히 알아들을 수 있도록 중요한 내용을 되풀이하며 차근차근 수업을 했습니다.

다른 교수들은 그런 힐베르트를 못마땅하게 여겼습니다. 지나치게 친절한 것은 권위에 어긋난다고 생각했습니다.

"쳇, 힐베르트는 학생과 *당구도 친다는군."

"교수의 권위를 무너뜨리기로 작정을 했어."

힐베르트는 권위만 내세우는 교수들의 비난에는 신경 쓰지 않았습니다. 학생들이 이해하는 것이 수업에서 제일 중요하다고 생각했습니다.

"힐베르트 교수님은 우리가 완전히 이해할 수 있게 수업을 하셔."

"교수님의 수업은 아름다움으로 가득 차 있어."

학생들은 힐베르트를 좋아했습니다.

힐베르트는 학생들을 진실하게 대했습니다. 노력하는 학생들에게는 칭찬을 했고, 잘못한 학생에게는 솔직하게 충고했습니다. 힐베르트는 권위를 세우지 않고 기꺼이 학생들과 친구가 되었습니다.

＊**당구** 네모난 대 위에 공을 몇 개 놓고 막대기 끝으로 공을 치며 승부를 가리는 놀이.

기하학 수업이 한창이던 때, 학교에서는 가우스가 이룬 업적을 기리는 기념 행사가 진행되고 있었습니다. 힐베르트는 그 업적을 기리는 뜻으로 *강의록을 만들게 되었습니다.

　강의록이 완성되자, 힐베르트는 맨 먼저 민코프스키에게 보냈습니다.

　민코프스키는 강의록을 꼼꼼히 살펴보았습니다. 읽을수록 머릿속이 점점 환해지는 느낌이 들었습니다. 강의록을 모두 읽은 민코프스키는 기쁨에 들떠 힐베르트에게 편지를 썼습니다.

　　정말 훌륭하네. 이 내용은 *고전이 될 것임을 확신하네. 그리고 현재와 미래의 수학자들에게 큰 영향을 끼칠 것임을 보증하겠네.

　　　　　　　　　　　　　　　　- 민코프스키가

---

* **강의록** 학문 내용을 설명하고 가르치는 내용을 적은 것.
* **고전** 오래도록 사람들에게 널리 읽히는 작품.

민코프스키가 말한 대로 힐베르트가 쓴 강의록은 『기하학의 기초』라는 책으로 나와 전 세계 수학자들에게 관심을 끌었습니다. 그리고 기하학 수업을 시작한 지 일 년 만에 『기하학의 기초』는 수학 분야에서 가장 인기 있는 책이 되었습니다.

힐베르트는 점점 유명해졌습니다.

"여보, 국제 수학자 대회에서 편지가 왔군요."

"특별 강연을 해 달라는군."

편지를 펼쳐 본 힐베르트가 빙긋 웃으며 말했습니다.

'특별 강연이라…… 어떤 주제로 할까? 이럴 때는 친구한테 묻는 게 최고지.'

힐베르트는 민코프스키와 후르비츠 교수에게 편지를 썼습니다.

두 사람이 보낸, 의견이 담긴 편지를 받고서 힐베르트는 강연 주제를 결정했습니다.

'흠, 수학의 미래와 20세기의 수학이라……, 이건 무척 중요한 일이야. 수학자라면 누구나 수학의 미래에 책임이 있지.'

힐베르트는 수학자 대회에서 '수학의 미래'라는 주제로 강연을 했습니다.

"곧 다가올 20세기에, 과연 누가 미래의 비밀을 벗기게 될까요? 미래를 이끌 우리는 마음의 소리에 귀를 기울여야 합니다. 그 목소리는 '자, 여기 문제가 있다. 답을 찾아라.' 하고 속삭입니다. 수학에서 영원히 풀 수 없는 문제는 없습니다. 옛날에 풀지 못했던 문제가 지금은 풀렸습니다. 오늘 모르는 문제는 내일 풀릴 것입니다. '우리는 알지 못하고, 알 수 없을 것이다.' 하고 말하는 것은 비겁한 일입니다. 20세기를 이끌어 갈 우리는 다르게 생각해야 합니다. '우리는 알아야 한다, 우리는 알게 될 것이다.' 하고 말입니다."

힐베르트는 사람들에게 준비해 온 종이를 나누어 주었습니다. 종이에는 수학 문제 스물세 개가 적혀 있었습니다.

"이런, 20세기에 현대 수학이 해야 할 문제를 모조리 끌어 왔군."

여기저기서 감탄이 터져 나왔습니다.

강연 덕분에 힐베르트는 엄청난 인기를 얻게 되었습니다. 수학 천재들이 괴팅겐 대학교에 모여들었습니다. 나라에서는 힐베르트에게 '추밀 고문관' 칭호를 내렸습니다. 추밀 고문관은 존경할 만한 사람에게 주는 특별한 칭호였습니다.

나라의 수도에 있는 베를린 대학교에서도 초청이 왔습니다. 베를린 대학교로 가면 많은 혜택을 누릴 수 있었습니다. 하지만 힐베르트는 괴팅겐 대학교에 남아 자연과 함께 숨쉬며 연구하기로 했습니다. 그리고 민코프스키에게 편지를 보냈습니다.

민코프스키, 나는 베를린에 가는 대신 자네를 이곳으로 오도록 청했다네.

— 힐베르트가

힐베르트가 한 부탁은 받아들여졌습니다.

괴팅겐 대학교 수학자와 학생들은 기쁨에 넘쳐 민코프스키를 환영하는 파티를 준비했습니다.

힐베르트는 오랜만에 친구와 즐거운 시간을 보냈습니다. 축음기를 틀어 놓고 음악을 듣고 춤도 추었습니다. 맛있는 음식까지 실컷 먹고 나서는 토론을 벌였습니다.

"20세기에는 어떤 발전이 제일 중요하다고 생각하나?"

"달에 있는 파리를 잡는 기술."

"뭐, 파리를 잡는 기술이라고?"

모두들 힐베르트를 보며 어이없는 표정을 지었습니다.

"그럼. 그 정도로 기술이 발전할 때면, 인류의 어려움은 거의 다 해결되었을 테니까."

어이없는 표정을 짓던 사람들이 이번에는 모두 고개를 끄덕였습니다.

슬픔과 전쟁

힐베르트와 민코프스키가 사십 대 중반에 이르렀습니다.

"우리가 우정을 나눈 지 이십오 년이 되었군."

힐베르트는 민코프스키는 변함없이 산책을 즐겼습니다. 두 사람은 여느 때보다 즐거운 산책을 했습니다.

그런데 얼마 뒤, 힐베르트의 건강이 갑자기 나빠졌습니다.

"당신처럼 건강하던 사람이 병에 걸리다니."

아내는 걱정스러운 얼굴로 침대에 누워 있는 힐베르트의 손을 잡았습니다.

"힐베르트 선생님, 너무 실망하지 마세요. 요양원에서 지내면서 몸과 마음을 쉬면 건강을 되찾을 수 있을 겁니다."

힐베르트는 의사 말을 듣기로 했습니다. 다행히 쉬고 나자 힐베르트는 다시 건강해졌습니다.

"아프니까 건강이 얼마나 소중한 건지 알겠군."

건강을 되찾은 힐베르트는 다시 연구에 힘을 쏟았습니다.

"너무 무리하는 거 아닌가?"

민코프스키가 걱정하며 말했습니다. 하지만 힐베르트는 연구를 가볍게 할 수 없었습니다. 새로 관심을 갖게 된 문제가 몹시 흥미로웠습니다.

그것은 영국의 수학자 워링이 남긴 수론에 관한

문제였습니다. 후르비츠 교수도 이 문제에 대해 연구했지만 포기했던 적이 있었습니다. 힐베르트는 후르비츠 교수가 만들어 놓은 식을 출발점으로 삼아 연구에 몰두했습니다. 그 결과 백여 년 만에 문제를 해결할 수 있었습니다.

민코프스키에게 기쁜 소식을 전하러 간 힐베르트는 깜짝 놀랐습니다. 민코프스키가 병원에 입원해 있었습니다.

"도대체 어떻게 된 일인가?"

힐베르트가 어쩔 줄 몰라하며 물었습니다.

"심한 맹장염에 걸려 수술을 했네. 수술을 했는데……."

민코프스키는 말을 하기조차 힘들었습니다.

"어떻게 이럴 수가 있나."

힐베르트는 고통스러워하는 친구를 보며 발을 동동 굴렀습니다.

"나는 최근 연구 결과를 쉽게 이해할 수 있도록 다듬을 계획을 세웠네. 또 논문을 쓸 계획도 있고……, 그런데 그 모든 걸 할 수 없게 되었네……. 무엇보다 자네가 해결한 문제에 대해 발표하는 걸 볼 수 없어 몹시 슬프다네……."

민코프스키는 무척 열심히 연구 활동을 하던 때였습니다. 자신이 가장 좋아하는 것을 가장 활발히 연구하던 때에 안타깝게도 세상을 떠났습니다.

힐베르트는 이루 말할 수 없이 슬펐습니다. 힐베르트는 후르비츠 교수에게 편지를 보내 친구를 잃은 슬픈 소식을 알렸습니다. 흐르는 눈물 때문에 글씨는 평소보다 커졌고, 민코프스키와 함께 했던 마지막 한 주에 있었던 일을 여러 번 되풀이해 적었습니다.

힐베르트는 발표 논문에 '민코프스키를 기리며'라고 적고, 민코프스키를 기리는 강연도 했습니다.

"학생 시절부터 민코프스키는 가장 친하고 믿음직한 친구였습니다. 수학이 우리에게 우정의 다리를 만들어 주었습니다. 수학은 우리에게 꽃이 활짝 핀 뜰과 같았습니다. 우리는 마음껏 뜰을 거닐었습니다. 마음이 맞는 친구와 같이 걸으니 정말 행복했습니다. 우리는 뜰에 숨은 길을 찾기를 좋아했습니다. 민코프스키는 하늘이 내게 준 선물이었습니다. 나는 그와 우정을 나눌 수 있었던 사실에 감사할 뿐입니다."

슬픔을 잊으려고 애쓰는 힐베르트에게 클라인 교수가 소식을 전했습니다.

"힐베르트, 헝가리 아카데미에서 보여이 상을 자네한테 주기로 결정했네."

"민코프스키가 이 소식을 들었다면 얼마나 좋아했을까요?"

힐베르트는 쓸쓸하게 말했습니다.

쉰여섯 살이 되던 해에 힐베르트는 *물리학 연구에 집중했습니다. 그는 자기보다 어린 에발트를 선생님으로 모시고 열심히 공부했습니다.

에발트는 힐베르트에게 아이 같은 면이 있음을 알게 되었습니다. 힐베르트는 날씨가 더울 때는 반바지를 입고 수업을 했습니다. 어떤 때는 뜰에서 꺾은 꽃을 꽃다발로 만들어 자전거에 싣고 달리기도 했습니다.

힐베르트는 축음기를 크게 틀어 놓고 춤추는 것도 좋아했습니다. 이 사실이 알려지자 축음기 회사

***물리학** 운동 특성, 우주와 같은 자연 현상에 관한 과학.

에서는 새로운 축음기를 만들 때마다 보내 주었습니다.

그 무렵 괴팅겐 대학교에 수학과 건물이 들어서려는 움직임이 일었습니다. 클라인 교수가 오래도록 애쓴 결과였습니다. 땅과 돈도 마련되고, 공사 날짜도 정해졌습니다.

하지만 불행하게도 유럽에 전쟁 기운이 퍼져 가고 있었습니다.

오스트리아 황태자에게 세르비아 학생이 총을 겨누어 숨지게 했습니다. 이 일로 인해 오스트리아는

크게 흥분해 세르비아에 선전 포고를 했습니다. 주변에 있던 나라들은 각각 오스트리아와 세르비아 편에 서서 둘로 갈리었습니다. 여러 나라들이 전쟁에 끼어들어 세계 대전이 일어났습니다.

독일은 오스트리아 편을 들었습니다. 1914년, 독일은 상대편 연합군에 선전 포고를 했습니다. 독일 정부는 사람들이 지지하기를 바랐습니다. 그래서 학자들에게 독일 정부가 정당함을 내세운 선언문에 서명을 하라고 했습니다.

많은 학자들이 그 바람에 따라 주었습니다. 하지만 힐베르트는 달랐습니다.

"나는 전쟁에 절대 반대요. 그러니 서명은 안 하겠소."

힐베르트는 꼿꼿하게 버티며 서명하지 않았습니다. 그러자 사람들이 힐베르트를 보는 눈빛이 달라졌습니다.

"힐베르트는 반역자야. 자기는 독일인이 아니란 말인가!"

힐베르트처럼 서명을 하지 않은 학자 가운데 아인슈타인도 있었습니다. 아인슈타인은 스위스 사람이었기 때문에 그만큼 비난을 받지 않았습니다. 하지만 힐베르트는 사람들에게 거센 비난을 받았습니다. 하지만 힐베르트는 자기가 한 행동을 후회하지 않았습니다.

독일 정부는 학생들을 군대로 불러들였습니다. 괴팅겐 대학교는 언제까지일지 알 수 없는 방학을 맞았습니다.

아직 전쟁이 일어나기 전, 어느 날이었습니다. 깜깜한 밤에 프란츠가 온몸이 진흙투성이인 채로 집에 들어왔습니다.

"부모님 뒤를 따라다니는 귀신을 쫓아 버리기 위해 왔어요!"

프란츠가 크게 소리 질렀습니다.

"애야, 여기에 무슨 귀신이 있다고 그러는 거냐?"

힐베르트는 놀라서 정신과 의사를 불렀습니다. 며칠 뒤, 힐베르트 부부는 눈물을 머금고 하나밖에 없는 아들을 정신 병원에 입원시켰습니다.

다들 전쟁터로 떠나는 바람에 학교에는 외국에서 온 학생들만 남았습니다. 그나마 얼마 되지도 않았습니다.

"어서 전쟁이 끝나야 할 텐데……."

힐베르트는 혼자 쓸쓸히 학교를 서성거릴 때가 많았습니다.

하지만 연구를 게을리하지는 않았습니다. 힐베르트는 몇 년 동안 연구한 물리학 논문을 발표했습니다. 그런데 연구 결과가 비슷한 논문을 아인슈타인도 발표했습니다.

"이렇게 놀라운 논문을 두 사람이 같은 때에 발표하다니!"

사람들은 힐베르트와 아인슈타인이 서로 자기가 먼저 논문을 썼다며 다툴 거라고 예상했습니다. 하지만 예상은 보기 좋게 빗나갔습니다. 이 일을 계기로 힐베르트와 아인슈타인은 편지를 주고받는 사이가 되었습니다.

전쟁이 계속되자, 식량은 점점 귀해졌습니다. 거기다 흉년까지 겹쳐 굶어 죽는 사람까지 생겨났습니다. 어려운 상황에서 슬픈 소식이 전해졌습니다.

"다르부가 세상을 떠났다는군."

다르부는 프랑스의 수학자로, 힐베르트는 그를 존경했습니다. 힐베르트는 다르부를 위해 *추도사를 쓰기로 했습니다.

"프랑스는 적국인데, 적국의 학자를 추도하다니!"

---

*추도사 세상을 떠난 사람을 생각하며 슬퍼하는 뜻을 알리는 말이나 글.

"힐베르트 교수는 다르부에게 바치는 추도사를 당장 없애라!"

몇몇 교수들과 학생들이 힐베르트의 집 앞에 모여 외쳤습니다. 학생들의 행동에 화가 난 힐베르트는 괴팅겐 대학교 *총장을 찾아갔습니다.

"나는 존경하는 학자에게 예의를 다했을 뿐이오. 전쟁 때는 예의를 갖추는 일도 죄가 됩니까? 만약 사과하지 않으면 나는 괴팅겐 대학교를 떠나겠습니다."

힐베르트는 공식적인 사과를 받아 냈습니다.

***총장** 조직의 최고 행정 책임자.

새 친구들

 여름이 되자 독일은 후퇴하기 시작했습니다. 그리고 1918년 11월, 마침내 독일은 항복했습니다. 전쟁은 끝났습니다.
 "드디어 학생들이 다시 돌아오는군."
 힐베르트는 학생들을 만날 생각에 가슴이 부풀었습니다. 나이는 이미 예순 살이 가까워졌지만, 학생들을 만난다는 생각에 힐베르트는 기분이 좋았습니다.

"아니, 자네 다리가 왜 그런가?"

학생들을 빨리 만날 생각에 일찌감치 학교에 간 힐베르트는 깜짝 놀랐습니다. 한 학생이 목발을 짚고 있었습니다.

"전쟁이 저를 이렇게 만들었죠."

학생은 쓸쓸하게 말했습니다.

"저는 운이 좋다고 생각합니다. 전쟁터에서 목숨을 빼앗긴 친구들을 수없이 보았으니까요."

학생이 하는 말을 듣고, 힐베르트는 가슴이 아팠습니다.

돌아오긴 했어도, 학생들은 공부에 열중하지 못했습니다. 오랫동안 책과 멀리 떨어져 지낸 탓이었습니다.

'안 되겠군. 쉽게 수업하는 방법을 찾아야겠어.'

힐베르트는 학생들이 흥미를 가질 수 있도록 여러 가지 노력을 했습니다.

"힐베르트 교수님 수업은 쉬워서 좋아. 꽃이 가득 핀 뜰에 초대해서 마음껏 꽃을 꺾을 수 있게 하는 기분이야."

학생들은 다시 공부에 흥미를 느꼈습니다. 자신이 생긴 힐베르트는 교수들을 위한 수업도 하고 싶었습니다.

"음식을 나누듯 지식도 나누어야지."

힐베르트는 어렵다고 알려진 물리학 수업도 아주 쉽고 재미있게 했습니다.

"그 어렵다는 아인슈타인의 물리학을 이렇게 쉽게 설명하다니!"

교수들은 감탄했습니다. 힐베르트는 교수들 사이에서도 인기 있는 교수가 되었습니다.

그즈음 슬픈 소식이 전해졌습니다. 후르비츠 교수가 세상을 떠난 것입니다. 민코프스키에 이어 후르비츠 교수마저 떠나보낸 힐베르트는 몹시 충격을 받았습니다.

'슬픔에만 빠져 있을 수는 없지. 그건 친구들이 바라는 일이 아니야.'

힐베르트는 슬픔을 잊기 위해 연구에 더욱 몰두했습니다. 하지만 슬픔이란 억지로 잊을 수 있는 게 아니었습니다. 가끔 힐베르트는 멍하니 생각에 빠져 있곤 했습니다. 수학과의 새 책임자가 된 쿠란트는 힐베르트를 걱정했습니다.

'힐베르트 교수님께 새 친구를 만나게 해 드려야겠어.'

날이 화창한 어느 날, 쿠란트는 지겔에게 수영장에 가자고 했습니다. 지겔은 수학에 재능이 아주 뛰어난 젊은이였습니다.

"지겔, 그곳은 교수 전용 수영장이라네. 뜻밖의 사람들을 만날 수도 있을 거야."

지겔은 쿠란트를 따라 수영장에 갔습니다. 수영

복을 갈아입으려고 탈의실에 갔을 때 두 사람은 힐베르트를 만났습니다.

"쿠란트, 자네도 왔는가?"

수영복 차림을 한 힐베르트가 쿠란트를 보며 반가워했습니다.

"교수님, 지겔이 최근에 *리만의 가정에 관한 멋진 논문을 썼습니다."

쿠란트가 지겔을 소개하며 말했습니다.

***리만의 가정** 1958년 수학자 리만이 세운 함수 성질에 관한 가정으로 아직 참, 거짓이 밝혀지지 않음.

"뭐라고, 그게 사실인가? 정말 축하하네."

힐베르트는 자기 일처럼 기뻐하며 축하해 주었습니다.

"그 어려운 일을 해내다니. 자네는 틀림없이 괴팅겐의 전설을 이어 갈 인재군."

힐베르트의 칭찬에 지겔은 가슴이 한껏 부풀었습니다. 힐베르트와 지겔은 친구가 되었습니다.

괴팅겐 대학교는 점차 예전 분위기를 되찾아 갔습니다. 총명한 학생들이 괴팅겐 대학교로 몰려들었습니다.

힐베르트는 의욕이 솟는 것을 느꼈습니다. 하지만 나이 탓인지 연구가 힘에 부칠 때가 많았습니다. 건강도 좋지 못했습니다.

"교수님, 힘내세요."

새로 사귄 젊은 친구들은 힐베르트를 위로해 주곤 했습니다. 힐베르트가 학교에 나오지 못하면,

집에 찾아가기도 했습니다. 그중에는 마흔 살이나 어린 친구도 있었습니다. 그들은 새로운 물리학 이론이 실린 책을 갖다 주었습니다. 그리고 힐베르트가 하는 수업 준비도 도와주었습니다.

"교수님, 이번 수업 자료입니다."

베르나이스는 자주 힐베르트를 도왔습니다. 강의실까지 같이 가 주기도 했고, 힐베르트를 대신해서 강의를 해 주기도 했습니다.

일이 끝나면, 젊은 친구들과 집에서 토론을 벌였습니다. 하루는 콜비츠라는 화가를 두고 토론이 오갔습니다.

"여보게, 나는 콜비츠가 훈장을 받을 만하다고 생각하네."

콜비츠의 그림을 보던 힐베르트가 말했습니다.

"네? 선생님과 콜비츠는 완전히 반대가 아닙니까? 선생님은 독일 최고의 학자고, 콜비츠는 가

난한 사람들을 그리는 화가인데요."

사람들이 놀란 표정으로 물었습니다.

"그게 무슨 상관인가? 콜비츠는 위대한 예술가야. 훈장을 받는 데 그거면 충분하지 않은가?"

젊은 친구들은 아까보다 더 놀랐습니다. 힐베르트가 자기한테 유리한 사람 편에만 서지 않는 태도 때문이었습니다. 젊은 친구들은 힐베르트를 존경하지 않을 수 없었습니다.

토론이 끝나면 음악을 감상했습니다.

축음기를 좋아한 덕분에 힐베르트는 음악에 대한 지식이나 감상 수준이 높았습니다. 베르나이스도 음악을 좋아했습니다.

취미가 통하는 두 사람은 음악 공연을 보러 다른 도시까지 함께 가기도 했습니다.

그런데 또다시 슬픈 소식이 전해졌습니다. 후르비츠 교수를 잃은 슬픔이 채 가시지 않은 때에 클라인 교수가 세상을 떠났습니다. 힐베르트는 슬프고 우울했습니다. 잇달은 슬픈 소식에다 건강마저 나빠져 힐베르트는 고통스러웠습니다.

"여보, 병원에 가 봐야겠어요."

아내는 몹시 걱정스러웠습니다. 힐베르트는 아내에게 의지해 병원에 갔습니다. 의사는 오래오래 진찰을 했습니다.

"악성 빈혈증이군요. 유감스럽게도……. 얼마 살지 못하실 것 같습니다."

"그럴 리가 없어. 내 병은 악성 빈혈증이 아니라, 그 증상하고 비슷한 다른 병이야. 내 몸은 내가 안다고!"

힐베르트는 씩씩거리며 병원을 나섰습니다. 자신이 큰 병에 걸렸다는 사실을 믿을 수가 없었습니다. 더구나 악성 빈혈증은 치료 약도 없는 병이었습니다.

깊은 슬픔 속에 하루하루를 보내던 어느 날이었습니다.

"정말 기적 같은 일이군!"

잡지를 보던 힐베르트 친구가 소리쳤습니다. 잡지에는 미국에서 악성 빈혈증 치료 약이 나왔다는 기사가 실려 있었습니다. 치료 약을 만든 사람은 마이넛이라는 과학자였습니다.

힐베르트는 친구가 들고 온 잡지를 보고 몹시 흥분했습니다.

"아직 실험 단계라니까 좀 기다려야 할 거야."

친구가 아쉽다는 듯이 말했습니다.

"당장 이 약을 먹어야겠어."

침대에 누워 있던 힐베르트가 벌떡 일어나며 말했습니다. 힐베르트는 다른 학자들에게 약을 구해 줄 것을 부탁해 보았습니다.

"제 아내가 미국 의료계를 잘 알고 있으니까 당장 알아보겠습니다."

이 소식은 전해 들은 사람들은 약을 구할 수 있도록 사방팔방으로 알아보았습니다. 미국에 있는 수학자들은 마이넛을 아는 학자들을 찾아다니며 약을 얻어 달라고 부탁했습니다.

마이넛은 똑같은 부탁을 하는 사람들을 하루에도 몇 사람이나 만났습니다. 하지만 마이넛은 치료 약을 보낼 생각이 없었습니다. 미국에도 악성 빈혈증으로 고생하는 사람이 많기 때문이었습니다.

그러던 어느 날이었습니다. 미국의 유명한 수학자 버코프가 마이넛을 찾아왔습니다. 버코프는 다짜고짜 연극 이야기를 꺼냈습니다.

"얼마 전에 '의사의 고민'이라는 연극을 봤네."

"뜬금없이 무슨 소리요?"

마이넛은 영문을 몰라 버코프를 빤히 바라보았습니다.

"연극 내용은 '어떻게 열 사람을 골랐는가?'에 대한 대답을 하는 것이었네. 대답이 뭔지 궁금하지 않나?"

"궁금하군요."

"의사가 한 대답은 '인류를 위해 얼마나 이바지했나.'를 기준으로 골랐다는구먼."

버코프가 마이넛을 찾아온 이유는 수학 발전을

이끈 힐베르트에게 치료 약을 보내 달라는 것이었습니다.

"아이고, 내가 졌습니다. 힐베르트 교수님께 치료 약을 보내 드리지요."

마이넛은 드디어 마음을 돌렸습니다. 힐베르트는 미국에서 보내온 치료 약을 받았습니다.

"친구들 덕분에 목숨을 구했군."

힐베르트는 중얼거리며 약을 먹었습니다. 힐베르트의 병은 날이 갈수록 나아졌습니다. 슬픔 속에 죽을 날을 기다리던 힐베르트는 다시 괴팅겐 대학교에 나가 수업을 했습니다.

힐베르트 거리

괴팅겐 대학교에 이탈리아 수학자들에게서 초청장이 날아들었습니다.

"허허, 전쟁 이후로 처음 받은 초청장이군."

힐베르트는 기뻐했습니다.

전쟁 때 독일은 프랑스, 영국, 이탈리아와 맞서 싸웠습니다. 그래서 세 나라 학자들은 독일 학자들을 따돌리고 있었습니다. 수학 회의가 열려도 독일에는 초청장을 보내지 않았습니다. 그런데 오랜만에 초청장이 온 것입니다.

"어서 이탈리아에 갈 채비를 합시다."

힐베르트는 기분 좋게 참석 준비를 했습니다. 그런데 초청을 거부하자는 학자들도 있었습니다.

"우리한테도 자존심이 있습니다. 가지 맙시다!"

힐베르트는 어이가 없었습니다.

"그건 독일의 수학을 위하는 일이 아닙니다. 이탈리아 학자들이 예의를 갖추어 초청을 했으니, 우리도 예의를 갖추어야 하지 않겠습니까?"

"어쨌든 나는 싫습니다."

몇몇 학자들은 고집을 부렸습니다. 힐베르트가 아무리 설득을 해도 소용이 없었습니다.

"어쩔 수 없지요. 우리끼리 참석합시다."

결국 일부 학자들만 참석하기로 했습니다. 그런데 너무 신경을 쓴 탓인지 힐베르트는 다시 건강이 나빠졌습니다.

"교수님, 몸도 아프신데 무리하시면 안 됩니다."

사람들은 힐베르트가 쓰러지지나 않을까 걱정이 되었습니다.

"괜찮네. 내가 맡은 임무를 다하고 싶네."

힐베르트는 몸이 안 좋은데도 학자들과 함께 이탈리아에 갔습니다. 이탈리아에는 벌써 여러 나라 학자들이 와 있었습니다.

"안녕하시오?"

힐베르트가 손을 흔들며 인사를 했습니다.

"아니, 저 사람이 누구야?"

"당장 병원에 입원해야 할 것 같군그래."

다른 나라 학자들은 힐베르트를 보고 깜짝 놀랐습니다. 못 보는 사이 힐베르트가 너무 야윈 것이었습니다.

나중에야 힐베르트를 알아본 학자들이 자리에서 일어나 환영하는 뜻으로 박수를 쳤습니다. 그러자

자리에 앉아 있던 학자들이 전부 일어나 박수를 보냈습니다.

힐베르트는 독일 수학자들을 대표해서 인사를 했습니다.

"전쟁이 끝나고, 전 세계 수학자들이 한자리에 모인 것을 무척 기쁘게 생각합니다. 수학 앞에서 전 세계는 하나입니다!"

인사를 마친 힐베르트에게 사람들은 아낌없는 박수를 보냈습니다.

"힐베르트 교수님, 참석하길 참 잘했습니다."

"그럼요. 예전처럼 서로 왔다 갔다 하면서 정보를 나누어야지요."

힐베르트는 오랜만에 다른 나라 학자들을 만나 뜻 깊은 시간을 보냈습니다.

수학 회의에 다녀오자 기쁜 소식이 기다리고 있었습니다.

"선생님, 수학과를 위한 새 건물이 다 지어졌습니다."

쿠란트가 기쁜 얼굴로 말했습니다.

"정말 대단하군, 대단해!"

힐베르트는 새 건물을 보며 감탄했습니다.

"새로 지은 건물을 보니 빨리 수업을 하고 싶군."

힐베르트는 어린아이처럼 기뻐하며 말했습니다.

하지만 곧 얼굴이 어두워졌습니다.

"이봐 쿠란트, 내가 올해 몇 살이지?"

"예순여덟이 되셨지요."

쿠란트가 어리둥절한 얼굴로 대답했습니다.

"이제 물러날 때가 되었군."

힐베르트가 쓸쓸하게 말했습니다.

그제야 쿠란트는 힐베르트가 나이를 물은 이유를 알 수 있었습니다. 쿠란트 얼굴에 아쉬움이 어렸습니다.

"괴팅겐의 전설 힐베르트 교수님이 벌써 떠나시다니!"

다른 교수들과 학생들도 아쉬워했습니다. 하지만 힐베르트만큼 마음이 아픈 사람은 없었습니다.

힐베르트는 마지막 수업을 '불변식'으로 정했습니다. 불변식 연구로 힐베르트는 처음 세상에 이름이 알려졌습니다.

학생들이 힐베르트가 하는 수업을 들으러 바글바글 몰려들었습니다. 학생들뿐만 아니라 교수들도 몰려와 수업을 들었습니다.

"힐베르트 교수님, 교수님의 이름이 붙은 거리가 생긴답니다."

"내 이름을 딴 거리라고?"

"네, 힐베르트 거리, 멋지지 않습니까?"

수학과 교수들은 자기 일처럼 기뻐했습니다. 아내 역시 무척 기뻐했습니다. 힐베르트 얼굴에도 웃음이 다시 피어났습니다.

"쿠란트, 내 뒤를 이을 사람을 뽑아야지."

"네."

"자네는 누가 마땅하다고 생각하나?"

"바일이 어떨까 생각합니다만……."

쿠란트가 조심스럽게 말했습니다.

"역시 자네와 난 잘 통한다니까. 나도 바일을 생각하고 있었네."

힐베르트는 기뻐하며 말했습니다.

힐베르트의 제자이기도 한 바일은 힐베르트가 하는 수업을 듣기 위해 괴팅겐 대학교에 들어갔습니다. 그리고 수학자가 되어 탁월한 실력을 발휘하며 인정받고 있었습니다.

수학과에 있는 다른 교수들도 바일이 힐베르트 뒤를 잇는 데 찬성했습니다.

1930년, 힐베르트는 교수 자리에서 물러났습니다. 그리고 바일이 그 빈자리를 채웠습니다.

"축하하네, 바일!"

힐베르트는 기쁜 마음으로 바일을 껴안았습니다.

"교수님 뒤를 잇게 되어 영광입니다."

바일도 기뻐했습니다.

수학과는 새 건물로 이사를 했습니다. 도서관에는 밤새 불이 환하게 켜졌습니다. 어느 곳이나 학생과 교수가 모여 토론을 벌였습니다.

힐베르트는 수학과 건물에서 종종 생각에 잠기곤 했습니다. 후르비츠 교수, 민코프스키와 산책을 하던 때를 떠올리면 절로 웃음이 피었습니다.

"난 참 운이 좋았지."

화창한 봄날, 제자와 함께 산책에 나선 힐베르트가 말했습니다.

"민코프스키를 만난 건 정말 커다란 행운이었어. 그뿐인가! 후르비츠 교수님, 클라인 교수님, 쿠란트 등 좋은 친구들을 많이 만났지."

힐베르트는 함께 했던 친구들 얼굴을 하나하나

떠올려 보았습니다. 그들은 모두 같은 길을 걸었던 사람들이었습니다.

"학생들 모두 나처럼 행운이 있기를!"

힐베르트는 봄볕 속을 걷는 학생들을 향해 말했습니다.

"감사합니다!"

학생들은 환하게 웃으며 말했습니다. 학생들은 얇은 옷을 입고 바쁘게 오갔습니다. 하지만 노인이 된 힐베르트는 털이 잔뜩 달린 옷으로 온몸을 감싼 채 그들을 바라보았습니다.

"참으로 많이 변했어."

힐베르트는 아담한 수학과 건물을 올려다보았습니다. 그리고 일찍이 괴팅겐 대학교를 빛낸 가우스를 떠올렸습니다. 아직도 풀리지 않은 문제를 남긴 위대한 리만과 데데킨트, 디리클레를 생각했습니다. 그들도 한때는 괴팅겐 대학교를 누비는 별이었습니다. 하지만 이제는 전설로만 남게 되었습니다. 힐베르트는 왠지 서글픈 마음이 들었습니다.
"교수님, 변하지 않은 것도 있습니다."
제자가 하는 말에 힐베르트는 고개를 돌렸습니다.

"저 벽에 있는 글 말입니다."

힐베르트는 제자가 가리키는 곳을 보았습니다.

'괴팅겐을 떠나서는 삶도 없다.'

힐베르트는 반짝이는 글씨를 나지막하게 읽어 보았습니다.

쾨니히스베르크 명예 시민

쾨니히스베르크 시는 수학자로서 우리 시를 빛낸 당신에게 명예 시민권을 드리기로 했습니다.
기쁘게 받아 주시기를 바랍니다.

― 쾨니히스베르크 시의회

전보를 받은 힐베르트는 얼굴이 환해졌습니다.
"쾨니히스베르크는 나에게 수학자로서 꿈을 키우게 해 준 도시야."

힐베르트는 무척 기뻐했습니다.

"당신이 자랑스러워요."

아내도 기뻐했습니다.

"어릴 때 어머니는 쾨니히스베르크의 다리 문제에 대해 말해 주셨지."

"오일러가 해결한 한붓그리기 문제 말이군요. 한 번씩만 오가며 일곱 다리를 다 건널 수 있느냐 하는 문제요."

"그래. 오일러가 건널 수 없다는 답을 내놓았지 않소? 그때 나는 오일러가 문제를 풀기 위해 일부러 왔는 줄 알았지."

힐베르트가 껄껄 웃으며 말했습니다.

"어머니가 당신을 수학의 세계로 초대하신 분이군요?"

"맞아. 나는 어머니가 그런 얘기를 해 줄 때마다 호기심이 생기곤 했어."

힐베르트는 어머니 모습을 떠올렸습니다.

"하늘나라에 계신 어머니가 무척 자랑스러워할 거예요."

아내는 힐베르트 손을 꼭 잡아 주었습니다.

힐베르트는 연설 준비를 했습니다. 명예 시민증을 기쁘게 받는다는 의미로 하는 연설이었습니다.

'어떤 제목이 좋을까? 수학자로서 사람들의 마음을 움직일 연설을 하고 싶은데.'

연설은 가을에 할 예정이었습니다. 하지만 힐베르트는 여름 내내 연설 내용을 머릿속으로 생각했습니다.

'쉽고 재미있는 연설이 사람들의 마음을 움직이겠지.'

힐베르트는 교수들에게 어려운 물리학 수업을 쉽게 했던 경험을 떠올렸습니다. 그때처럼 한바탕 웃을 수 있는 우스갯소리도 준비했습니다.

"여러 번 고향을 찾았지만, 오늘은 유난히 가슴이 설레는군. 여보, 좀 추운 것 같지 않소?"

힐베르트가 옷깃을 여미며 말했습니다.

"아니요. 딱 알맞은 날씨인데요."

"난 긴장이 되어서 그런지 좀 춥구려."

"네? 당신이 긴장을 다 하고 별일이네요. 고향에서 뽑는 명예 시민이 되는 게 정말 기쁘긴 기쁜 모양이군요."

아내가 다정하게 웃었습니다.

쾨니히스베르크에 다다르자 사람들이 마중을 나와 있었습니다.

"어서 오십시오, 쾨니히스베르크 명예 시민이 되신 걸 축하드립니다."

사람들이 박수를 치며 환영해 주었습니다.

"힐베르트 교수님, 교수님을 위해 파티를 마련했습니다."

파티장에 도착하자 축음기에서 음악이 흘러나왔습니다. 그러자 힐베르트는 추위를 금세 잊어버린 것 같았습니다. 몸을 들썩이더니 음악에 맞춰 춤을 추기 시작했습니다.

"여보, 곧 연설도 해야 하는데 좀 참으세요."

기쁨에 겨워 흥분하는 힐베르트에게 아내는 주의를 주었습니다.

조금 뒤, 힐베르트는 쾨니히스베르크 시로부터 명예 시민증을 받았습니다. 이제 힐베르트가 연설할 차례가 되었습니다. 힐베르트는 준비해 온 종이를 펼쳤습니다.

"우리는 자연과 인생에 대해 궁금증을 갖고 있습니다. 그리고 궁금증을 해결하기 위해 노력을 쉬지 않았습니다. 그 결과 우리는 많은 것을 알게 되었습니다."

사람들은 힐베르트 말에 귀를 기울였습니다. 힐

베르트는 비록 겉모습은 늙었지만, 눈빛은 젊은이 못지않게 빛나고 있었습니다. 또 말투는 느릿느릿 했지만, 목소리에는 힘이 있었습니다.

"여러분은 유명한 칸트를 알고 계실 것입니다. 우리 쾨니히스베르크가 낳은 위대한 학자이지요. 그는 말했습니다. 사람은 무언가를 경험하기 전에도 이미 알고 있는 지식이 많다고 말입니다. 물론 조금은 맞는 말입니다. 하지만 저는 이렇게 말하고 싶습니다. 오늘날 우리는 자연을 이해하기 위해 수학의 힘을 빌리고 있다고 말입니다. 어떤 학자들은 천체가 가진 비밀은 과학으로 풀 수 없다고 주장했습니다. 하지만 어떻습니까? 여러분도 알다시피 태양과 지구와 달이 왜 움직이는지 그 비밀이 모두 풀렸습니다. 아직 남아 있는 우주의 비밀 또한 풀릴 것입니다. 저는 이 세상에는 풀지 못할 문제는 없다고 생각합니다. 우리가 알

고자 노력한다면 자연의 비밀은 풀릴 것입니다. 그 점을 우리는 알아야 합니다."

연설이 계속되는 동안 힐베르트는 젊은 시절로 돌아간 듯했습니다. 눈은 더욱 빛났고 목소리는 더욱 강해졌습니다. 힐베르트는 자신감에 넘쳐 연설을 마무리했습니다.

연설을 마친 힐베르트는 만족한 듯 웃었습니다. 사람들의 힘찬 박수 소리가 힐베르트 얼굴을 더욱 빛나게 했습니다.

"정말 좋은 시간이었어."

힐베르트는 명예 시민증을 들여다보며 즐거워했습니다.

힐베르트의 제자들은 스승이 쌓아 온 연구 업적을 기념하는 논문집을 만들기로 했습니다. 논문집을 만들기 위해 젊은 수학자들이 괴팅겐으로 왔습니다.

그들은 우선 첫 권을 만들어 힐베르트의 칠십 번째 생일에 선물하기로 했습니다.

서둘러 일을 한 덕분에 수론에 관한 논문들로 이루어진 첫 권이 완성되었습니다. 제자들은 힐베르트의 칠십 번째 생일을 축하하기 위해 모였습니다. 바일이 대표로 축하 인사를 했습니다.

"오늘은 힐베르트 교수님에게 존경을 표하는 날입니다. 힐베르트라는 이름은 이제 수학을 상징하는 이름이 되었습니다. 교수님, 진심으로 축하드립니다."

박수 소리가 끝없이 이어졌습니다. 힐베르트 제자들은 스승을 무척 자랑스럽게 여겼습니다.

저녁에는 새로 지은 수학과 건물에서 파티가 열렸습니다. 독일은 물론 전 세계에 퍼져 있던 동료와 제자들이 모여들었습니다.

어려운 시대 상황으로 모두 낡은 옷을 입고 참석

했지만, 분위기는 밝고 우아했습니다. 힐베르트는 짧은 연설을 했습니다.

"나는 정말 운이 좋았던 사람입니다. 민코프스키, 후르비츠 교수님과 우정을 나눌 수 있었고, 클라인, 고르단과 같은 많은 수학자들을 만나는 행운도 누렸습니다. 내 고향 쾨니히스베르크에서 훌륭한 아내를 맞이할 수 있었던 것도 커다란 행운입니다. 아내는 내 가장 믿음직한 동료였습니다. 민코프스키가 갑작스럽게 죽는 바람에 나는 커다란 슬픔을 느꼈습니다. 그때는 젊은 새 친구들이 나를 도와주었습니다. 정말 감사한 일입니다. 이 훌륭한 곳에서 칠십 번째 생일을 맞게 되다니 가슴이 벅찹니다."

또다시 박수가 이어졌습니다.

"교수님, 힐베르트 교수님!"

학생들이 수학과 건물 앞에 몰려와서 힐베르트의

이름을 소리쳐 불렀습니다. 힐베르트는 밖으로 나갔습니다.

학생들은 손에 횃불을 들고 있었습니다.

"힐베르트 교수님 만세!"

학생들은 한 목소리로 힐베르트를 외쳤습니다.

건물의 모든 창문이 열리고, 교수들과 학생들이 이 광경을 보고 있었습니다. 그것은 괴팅겐 대학교 학생들이 교수에게 바치는 최고의 영광스러운 명예였습니다.

묘비에 새긴 말

힐베르트가 칠십 번째 생일을 맞던 해에 히틀러가 독일의 권력을 잡았습니다.

"유대 인의 피가 흐르는 자들을 모두 추방하시오. 그들은 나쁜 피를 가졌소."

히틀러는 유대 인에게 적개심을 품고, 그들을 못살게 굴었습니다.

"독일인이나 유대 인이나 똑같이 빨간 피가 흐르는데 뭐가 어떻다는 거지?"

힐베르트는 어이가 없었습니다.

힐베르트는 모든 사람이 똑같다고 생각했습니다. 어느 나라 사람이든, 남자든 여자든, 피부색이 어떻든 사람은 모두 같다고 생각했습니다.

'도대체 누구를 추방해야 한단 말이지? 쿠란트? 그는 괴팅겐 대학교에 수학과 건물을 세운 사람이 아닌가. 란다우? 그는 민코프스키에 이어 괴팅겐 대학교를 수론 중심지로 만든 사람이 아닌가. 뇌터? 그녀는 가장 많은 연구 결과를 내놓은 인물이 아닌가!'

수학자뿐만 아니라 다른 분야 학자들 가운데에도 유대 인이 많이 있었습니다. 힐베르트는 학문 발전을 이끈 훌륭한 학자들이 강제로 쫓겨나는 것을 알고 화를 참지 못했습니다.

"이런 얼토당토않은 일이 어디 있지? 왜 말도 안 되는 일이 일어나는 거야? 유대 인들이 독일에서 이룩한 많은 업적을 생각하면, 차라리 우리 독일인들이 독일을 떠나야 해!"

모두 쫓겨나고 남아 있는 사람은 얼마 되지 않았습니다.

"나는 옛날이 아름다웠다고 말하는 사람들을 이해할 수 없었어. 나는 절대로 그런 말을 하지 않겠다고 생각했지. 하지만 이제 나도 그런 말을 해야겠어. 정말이지 옛날이 그립구나."

힐베르트는 가슴에 커다란 구멍이 뻥 뚫린 것 같았습니다.

힐베르트는 사람들을 만나면 목소리를 높이며 불판을 토했습니다.

"괴팅겐 수학계는 이제 빈 껍데기요. 괴팅겐에는 이제 아무것도 남은 게 없소이다."

"힐베르트 교수님, 그렇게 비판하다가 밉보이기라도 하면 어쩌려고 그러세요?"

주위 사람들은 힐베르트가 해를 당하지는 않을지 몹시 걱정스러웠습니다.

시간이 지나자 힐베르트도 점점 기운이 빠졌습니다. 아무리 푸념을 한들 달라지는 것은 아무것도 없었습니다. 힐베르트는 입을 다물어 버렸습니다.

1934년이 되자, 히틀러의 위세는 하늘을 찌를 듯하고, 유대 인들은 상황이 점점 더 나빠졌습니다. 이제 몇몇 사람만이 가끔 힐베르트 부부를 찾아왔습니다. 힐베르트는 더는 수학 토론을 하지 않았습니다.

힐베르트는 아내와 단둘이 오붓이 시간을 보내곤 했습니다.

"독일에서 제일 아름다운 도시가 어디라고 생각하세요?"

"그건 당연히 쾨니히스베르크지."

힐베르트의 말에 아내는 고개를 갸웃거렸습니다.

"여보, 솔직히 말해서 쾨니히스베르크가 그렇게 아름다운 도시는 아니지요."

"나는 전 생애를 그곳에서 보냈소. 그러니 내가 잘 알지."

"우리가 괴팅겐에 온 지 사십 년이 지났는데요."

"얼마 전에 이곳으로 왔지. 나는 전 생애를 쾨니히스베르크에서 보냈단 말이오."

힐베르트는 점점 기억력을 잃어 갔습니다.

1939년, 히틀러는 전쟁을 일으켰습니다. 전쟁은 세계 대전으로 번져 갔습니다.

제2차 세계 대전의 소용돌이 속에 힐베르트는 팔십 번째 생일을 맞았습니다.

베를린 아카데미는 독일 수학 발전에 큰 영향을 준 팔십 번째 힐베르트 생일을 기념하기로 결정했습니다. 그런데 그 소식을 들은 날, 힐베르트는 길에서 넘어져 팔이 부러졌습니다. 그 사고로 힐베르트는 움직이는 게 불편해졌습니다.

결국 일 년 뒤, 힐베르트는 영원히 눈을 감고 말았습니다. 힐베르트의 장례식에는 열 사람 정도가 모여 함께 슬픔을 나누었습니다. 묘비에는 이름과 날짜만 적기로 했습니다. 전쟁이 끝나고 친구들이 돌아오면 그때 묘비를 새기기로 했습니다.

흉흉한 나라 안팎 사정으로 친구도 없이 쓸쓸하게 세상을 떠난 힐베르트를 생각하니 사람들은 눈물이 하염없이 흘러내렸습니다.

바일은 미국에서 힐베르트가 세상을 떠났다는 소식을 들었습니다. 바일은 안타까운 마음을 담아 편지를 보내 왔습니다.

힐베르트 교수님께서 돌아가셨다는 소식을 들으니 무척 슬픕니다. 소식을 듣고도 찾아갈 수 없어 더욱 슬픕니다.

저는 힐베르트 교수님 밑에서 배울 수 있었던 것을 큰 행운으로 생각합니다. 짧은 시간이었지만 너무나 아름다운 시간이었습니다.

오늘날 그것과 비교할 수 있는 행복은 아무것도 없습니다.

- 바일이

마침내 제2차 세계 대전이 끝났습니다. 흩어졌던 사람들이 다시 괴팅겐으로 돌아왔습니다.

 괴팅겐 대학교는 전쟁이 끝난 뒤, 제일 먼저 문을 열었습니다.

 힐베르트 묘지를 찾은 사람들은 힐베르트의 장례식에 참석하지 못한 것을 슬퍼했습니다. 비어 있던 묘비에는 비로소 글이 새겨졌습니다.

 '우리는 알아야 한다. 우리는 알게 될 것이다.'

 언제가 사람들의 가슴을 울렸던 힐베르트의 말이었습니다.

수학사에 남긴 힐베르트의 업적

20세기를 대표하는 수학자 힐베르트는 괴팅겐 대학교에서 교수로 지내며 괴팅겐 대학교를 세계 수학 중심으로 이끌어요. 수많은 제자들을 가르치면서 유럽 수학을 발전시켰어요. 또 여러 수학자들과 토론하며 지식을 주고받고, 수학의 미래를 위해 수학자들을 하나로 엮었지요.

힐베르트는 수학 전 분야에서 알맹이 같은 어렵고 폭이 넓은 문제들을 주제로 삼아 연구했어요. 불변식 분야의 '고르단의 문제'도 그와 같은 경우예요. 몇십 년 동안 풀리지 않던 어려운 문제를 힐베르트가 결국 풀어냈지요. 이때부터 고

힐베르트

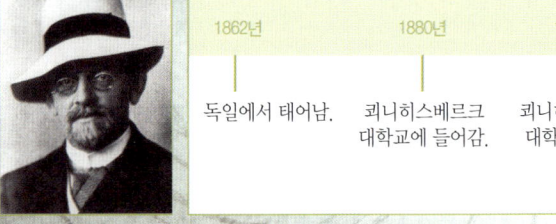

1862년	1880년	1893년	1895년
독일에서 태어남.	쾨니히스베르크 대학교에 들어감.	쾨니히스베르크 대학교 교수가 됨.	괴팅겐 대학교 교수가 됨.

르단의 문제는 '힐베르트의 기본 정리'로 바뀌었어요. 구 년 동안 불변식 문제에 매달린 힐베르트는 다시 오 년 동안 정수론에 파고들어요. 그동안 알려져 있던 정리를 간단하게 푸는 새로운 증명을 여러 개 발표했어요.

  이렇게 몇 년 동안 연구를 집중해서 하고 그다음에는 다음 주제로 넘어갔어요. 그런 식으로 기하학, 수학의 기초, 방정식을 연구했지요. 마지막으로 힐베르트는 물리학을 연구했어요. 수학을 새롭게 만들었고, 이제 수학으로 물리학을 새롭게 만들 거라고 했지요.

1897년	1899년	1900년	1932년	1943년
정수론을 새로 확립한 『정수론 연구』 펴냄.	기하학 체계를 재구성한 『기하학의 기초』 펴냄.	물리학을 수학적으로 푼 『수학적 물리학의 방법』 펴냄.	연구 결과를 모아 『논문집』 펴냄.	세상을 떠남.

　20세기가 시작되는 1900년에 열린 수학자 대회에서 힐베르트는 앞으로 수학자들이 풀어야 할 문제 스물세 개를 내놓았어요. 여섯 개는 수학의 기초, 여섯 개는 정수론, 여섯 개는 대수와 기하, 다섯 개는 해석학에서 뽑은 문제로 모두 수학 전체를 아우르는 중요한 문제들이에요.

　힐베르트가 한 연설과 내놓은 문제는 전 세계 수학자들에게 알려져 큰 영향을 끼쳤어요. 수학자들은 그 문제들을 풀기 위해 함께 노력했지요. 여러 수학자들의 노력으로 풀린 문제도 있지만, 지금까지도 해결이 되지 않은 문제도 있어요.

　힐베르트의 뒤를 이은 바일은 이 문제를 풀어

낸 수학자들을 '명예로운 모임'이라며 찬사를 보냈어요.

힐베르트 또한 문제를 풀기 위해 노력했어요. '힐베르트 공간'이라고 불리는 연구로 해석학에 큰 기여를 했지요. 우리가 살고 있는 공간은 3차원이라고 해요. 그런데 힐베르트는 4차원, 5차원을 넘어 무한 차원 공간을 정의했지요.

힐베르트는 재능이 있는 젊은이를 이끌어 주고 기회를 주려고 평생을 노력했어요. 그러는 중에 "대학은 목욕탕이 아닙니다."라는 유명한 말이 나왔지요.

또 뇌터라는 수학자를 괴팅겐 대학교 교수로

괴팅겐 대학교 수학과 건물

추천하자, 다른 교수들이 거세게 반대했어요. 단지 여자라는 이유 때문이었어요. 힐베르트는 교수들의 반대에 맞서며 뇌터가 교수가 되도록 도와주었지요.

힐베르트는 쾨니히스베르크에서 학창 시절을 보냈어요. 당시 학생들은 쾨니히스베르크를 빛낸 유명한 철학자 칸트의 책을 읽으며 많은 영향을 받았지요. 힐베르트도 마찬가지였어요. 하지만 스스로 연구를 할 정도가 되었을 때는 칸트가 생각한 수학에 반대하는 주장을 펼쳤어요.

그리고 또다른 아주 유명한 반대 주장이 있어요. 19세기에는 학자들이 "우리는 알지 못하고,

알 수 없을 것이다." 하는 주장을 했어요. 연구를 해도 끝내 밝혀지지 않는 문제도 있다고 생각했지요. 힐베르트는 이런 태도가 못마땅했어요. 20세기에는 학자들이 달라져야 한다고 생각했지요. 그래서 "우리는 알아야 한다. 우리는 알게 될 것이다."라는 유명한 말을 남겼어요. 이 말은 힐베르트의 묘비에도 새겨져 있지요.

힐베르트 묘비

힐베르트 더 살펴보기

무한 호텔

'무한'에는 특별한 성질이 있어요. 힐베르트는 무한에 대해 어린이 여러분도 쉽게 이해할 만한 예를 들어 설명했어요.

수들의 집합을 떠올려 보아요. 1부터 10까지, 또는 1부터 100까지 아주 많지요. 이런 집합들은 한계가 있어요. 한계가 있으면 유한이라고 해요. 그런데 수 전체는 끝없이 계속되어요. 이렇듯 한계가 없으면 무한이라고 하지요.

힐베르트는 무한을 설명하는 데 무한 호텔이라는 재미있는 예를 들었어요.

호텔은 손님방이 모두 차면, 더 손님을 받을 수 없어요. 방 개수가 유한하기 때문이지요. 하지만 방 개수가 무한한 무한 호텔에서는 아주 희한한 일이 벌어질 수가 있어요. 자, 그럼 힐베르트의 설명을 들어 볼까요?

어느 아름다운 바닷가 호텔에 손님방이 꽉 찼어요. 그것도 모르고 한 손님이 방을 구하러 왔지요. 그런데 호텔 지배인은 상냥하게 손님을 받더니 손님에게 덜컥 방을 내주었어요.

손님방이 꽉 찼는데 어떻게 방을 내주었냐고요? 아주 간단해요. 호텔 지배인은 손님들에게 다음 칸 방으로 옮겨 달라고 했어요.

1번 방에 있던 손님은 2번 방으로, 2번 방에 있던 손님은 3번 방으로 모두 한 칸씩 방을 옮겼어요. 모두 방을 한 칸씩 옮겼더니 1번 방이 비었어요. 그래서 손님은 방을 구할 수 있었지요.

손님으로 꽉 차 있는 무한 호텔은 손님 100명이 몰려와도 방을 내줄 수 있어요. 손님들이 100칸씩 방을 옮기면 되지요. 그러니까 무한에 수를 얼마큼을 더해도 무한은 덩치가 커지지 않고 그대로예요.

그럼 생각의 주머니를 크게 늘려 보아요. 손님 방이 꽉 찬 무한 호텔에 무한 손님이 찾아오면 어떻게 될까요? 놀랍게도 방을 내줄 수 있어요.

　손님들은 자기 방 번호에 2를 곱한 방 번호로 옮기면 돼요. 어떤 수에 2를 곱하면 짝수가 되니까 홀수 번호 방은 모두 비지요. 홀수도 무한이기 때문에 무한 손님은 홀수 번호 방으로 모두 들어갈 수 있지요.

　자, 이제 무한의 성질이 이해가 되었지요?

수학 영재들이 꼭 읽어야 할 천재 수학자 7

수학으로 미래를 열어라 힐베르트

펴낸날	초판 1쇄 2008년 4월 5일
	초판 5쇄 2020년 9월 11일

지은이	정성란
그린이	최현주
감 수	계영희
펴낸이	심만수
펴낸곳	(주)살림출판사
출판등록	1989년 11월 1일 제9-210호

주소	경기도 파주시 광인사길 30
전화	031-955-1350 팩스 031-624-1356
홈페이지	http://www.sallimbooks.com
이메일	book@sallimbooks.com

ISBN	978-89-522-0850-7 77410
	978-89-522-0828-6 77410 (세트)

살림어린이는 (주)살림출판사의 어린이 브랜드입니다.

※ 값은 뒤표지에 있습니다.
※ 잘못 만들어진 책은 구입하신 서점에서 바꾸어 드립니다.

사용연령 8세 이상   제조국 대한민국
제조년월 2020년 9월 11일 제조자명 (주)살림출판사
연락처 031-955-1350
주소 경기도 파주시 광인사길 30
주의사항 책을 던지거나 떨어뜨리면 모서리에 다칠 우려가
 있으니 주의하세요.
KC마크는 이 제품이 공통안전기준에 적합하였음을 의미합니다.